Köstliche Kuchen
leicht gemacht

KÖSTLICHE KUCHEN CHANDIMA LEICHT SOYSA GEMACHT

JAN THORBECKE VERLAG

VERLAGSGRUPPE PATMOS

**PATMOS
ESCHBACH
GRÜNEWALD
THORBECKE
SCHWABEN**

Die Verlagsgruppe
mit Sinn für das Leben

Für die Schwabenverlag AG ist Nachhaltigkeit ein wichtiger Maßstab ihres Handelns. Wir achten daher auf den Einsatz umweltschonender Ressourcen und Materialien. Dieses Buch wurde auf FSC®-zertifiziertem Papier gedruckt. FSC (Forest Stewardship Council®) ist eine nicht staatliche, gemeinnützige Organisation, die sich für eine ökologische und sozial verantwortliche Nutzung der Wälder unserer Erde einsetzt.

Alle Rechte vorbehalten
© 2012 Jan Thorbecke Verlag der Schwabenverlag AG, Ostfildern
www.thorbecke.de

Gestaltung: Finken & Bumiller, Chandima Soysa, Stuttgart
Druck: Süddeutsche Verlagsgesellschaft, Ulm
Hergestellt in Deutschland
ISBN 978-3-7995-0733-2

INHALT

VORWORT 6
TIPPS 8
Rahmkuchen 11
Himbeertarte 12
Limepie 15
Torta di Ricotta 16
Stachelbeercrostata 19
Schokobombe 20
Butterecken 23
Mohnkranz 24
Rüeblikuppel 27
Zucchinikastenkuchen 28
Kürbiskuchen 31
Rhabarberschnitten 32
Bündner Nusstorte 35
Sandkuchen im Glas 36
Kirschstreusel 39
Bananenbrot 40
Marmorgugelhupf 43

Apfelkuchen 44
Brombeercrumble 47
Obsttarte 48
Tarte Tatin 51
Hefezopf 52
Kalter Hund 55
Amerikaner 56
Muffins 59
Zimtschnecken 60
Scones 63
Cookies 64
Zitronenrauten 67
Lemoncurdtörtchen 68
Heidelbeertraum 71
Erdbeerbiskuitherz 72
Pavlova 75
Regenbogentorte 76
Zebrakuchen 79
Grünteebiskuitrolle 80
HINWEISE 82
REGISTER 87
BILD- UND TEXTNACHWEIS 88
ZUR AUTORIN 88

Sind Sie eine Naschkatze?

Dann werden Sie wahrscheinlich Ihre süße Freude mit diesem Buch haben. Die zusammengestellten Rezepte bilden einen guten Querschnitt durch das vielfältige und abwechslungsreiche Angebot an Kuchen.

Alle Rezepte sind in ihrer Technik leicht nachzubacken und unterscheiden sich eigentlich nur im Zeitaufwand. So gibt es schnelle Kuchen wie den Rahmkuchen, die aufwendige, aber absolut lohnenswerte Regenbogentorte, den Limepie, der nach einem gewissen Aufenthalt im Kühlschrank seine erfrischende Temperatur erreicht hat, oder die Bündner Nusstorte, die erst einmal ein paar Tage Ruhezeit benötigt, um ihr volles Aroma entwickeln zu können.

Und wenn ein Kuchen mal nicht wie erwartet aus dem Ofen kommt: Kopf hoch – meistens schmeckt er immer noch lecker, was die Hauptsache ist. Außerdem entstehen so oft die besten neuen Kreationen. Also seien Sie kreativ und probieren Sie aus!

Viel Vergnügen!

TIPPS

Statt des gängigsten Weizenmehls Type 405 kann man für Rühr- und Mürbteige auch **Vollkorn- oder Dinkelmehle** verwenden. Das Backwerk schmeckt dann kräftiger. Dabei sollte man nur beachten, dass diese Mehle zwischen 5 und 10 % mehr Flüssigkeit zur Verarbeitung benötigen.

Wenn nicht extra erwähnt, sollten alle Zutaten **Zimmertemperatur** zur Verarbeitung haben. Bei Biskuitteig ist das besonders wichtig.

Rührteig und Hefeteig lassen sich am einfachsten mit einem **Handmixer** oder einer **Küchenmaschine** zubereiten. Für einen Hefeteig benutzt man die dafür vorgesehenen Knethaken. Mürbteig lässt sich ebenso gut **von Hand** herstellen.

Hefeteig braucht **Wärme** und **Zeit**, um schön aufzugehen. So sollte die Milch lauwarm und auf keinen Fall zu heiß sein, da dies der Hefe die Triebkraft nehmen würde. Der Teig ruht am besten gut abgedeckt an einem warmen, nicht zugigen Ort. Dann vergrößert er sein Volumen leicht auf das Doppelte.

Mürbteig hält sich gut verpackt ein paar Tage im Kühlschrank. Man kann auch auf Vorrat eine Kuchenform mit dem Teig auslegen und einfrieren. Wenn es mal schnell gehen soll, muss man ihn nur noch mit frischem Obst belegen und backen.

Die **Temperaturangaben** in diesem Buch gehen von einem Umluftofen aus. Wer mit Ober- und Unterhitze backt, sollte die Gradzahl etwa um 20 °C höher einstellen – bei einem Gasherd empfiehlt sich eine Einstellung zwischen Stufe 2 und 3.

Um herauszufinden, ob der Kuchen gar ist, gibt es verschiedene Möglichkeiten.
Bei Rührteigkuchen ist die **Stäbchenprobe** die sicherste. Dazu sticht man an der dicksten Stelle mit einem dünnen Holzstäbchen in den Kuchen. Wenn man es herauszieht und es trocken ist und kein Teig daran klebt, ist der Kuchen fertig.
Biskuitböden testet man am besten mit einem Finger. Die Oberfläche ist trocken und fühlt sich samtig an. Der Boden ist elastisch und gibt auf Druck nach.
Bei Hefeteigkuchen schaut man sich mit Hilfe eines Hebers den Boden an. Ist dieser trocken und leicht gebräunt, kann der Kuchen aus dem Ofen.

Die allermeisten Kuchen gelingen wunderbar auch mit fettreduzierten Zutaten, wie Magerquark, fettarmem Joghurt oder 1,5-prozentiger Milch. Anstelle der sehr feinen, jedoch reichhaltigen Butter kann man auch auf Margarine zurückgreifen. Hefeteig gelingt sogar gänzlich ohne Fett.

RAHM KUCHEN

2 Pk.	Blätterteig, rund
	Fett für die Form
400 g	Sahne
400 g	Schmand
100 g	Zucker
2	Eier
1 Pk.	Vanillepuddingpulver
1 EL	Butter, geschmolzen
4 EL	Zimt und Zucker

1. Den Blätterteig doppelt in eine ausgefettete Springform geben und mit einem etwa 4 cm hohen Rand andrücken.
2. Die Sahne, den Schmand, den Zucker, die beiden Eier, das Puddingpulver sowie die geschmolzene Butter in eine Schüssel geben. Die Zutaten mit dem Mixer für 2 Minuten gründlich verrühren.
3. Die Masse in die Backform geben und mit Zimt und Zucker bestreuen.
4. Bei 200 °C im vorgeheizten Backofen etwa 35–40 Minuten backen. Den Kuchen herausnehmen und den Rand mit einem Messer lösen. Ausgekühlt servieren.

HIMBEER TARTE

175 g	Weizen-Vollkornmehl
1 Pr	Salz
6 EL	Rohrohrzucker
1 Pk.	Bourbon-vanillezucker
125 g	Butter
40 ml	kaltes Wasser
400 g	frische Himbeeren
1 EL	Butter, geschmolzen
1 TL	Pistazien, gehackt
	Schlagsahne oder Vanilleeis

1. Das Mehl in eine Schüssel geben. Das Salz, 4 EL Zucker, den Vanillezucker und die Butter in Flöckchen hinzufügen. Alle Zutaten zügig von Hand miteinander verkneten. So viel kaltes Wasser hinzufügen, bis eine homogene, feste Teigkugel entsteht. Mindestens 1 Stunde kühl stellen.

2. Den Teig auf einer leicht bemehlten Arbeitsfläche zu einer kreisförmigen Teigplatte von etwa 28 cm Durchmesser ausrollen. Die Platte dabei mit einem Kuchenheber mehrmals wenden und gegebenenfalls nochmals mit Mehl bestäuben, damit sie nicht am Untergrund festklebt.

3. Ein Backblech mit Backpapier auslegen und die Teigplatte mittig platzieren. Mit 1 EL Zucker bestreuen, dann die Himbeeren bis auf einen Rand von 4 cm gleichmäßig darauf verteilen. Den Rand hochklappen – ruhig etwas über die äußeren Himbeeren – und mit der zerlassenen Butter bepinseln. Den restlichen Zucker darüberrieseln lassen. Im vorgeheizten Backofen bei 200 °C für etwa 20 Minuten backen.

4. Mit den Pistazien bestreuen und lauwarm mit Schlagsahne oder Vanilleeis reichen.

LIME PIE

200 g	Vollkornbutterkekse
125 g	Butter, geschmolzen
2 EL	Zucker
5	Limetten, ungespritzt
4	Eier
100 g	Puderzucker
300 ml	Kondensmilch, gesüßt
2 EL	Speisestärke
100 g	Zucker

1. Die Butterkekse fein zerkrümeln und mit der Butter und dem Zucker zu einer glatten Masse verkneten. Eine Springform mit Backpapier auslegen. Den Teig in die Form drücken und einen etwa 2 cm hohen Rand formen.

2. Die Limetten heiß abwaschen. Eine Limette für die Dekoration klein schneiden und beiseitestellen. Von den restlichen 4 Limetten die Schale abreiben, dann halbieren und auspressen. Die Eier trennen. Das Eiweiß in den Kühlschrank stellen. Das Eigelb mit dem Puderzucker zu einer hellen Creme rühren. 10 EL Limettensaft hinzugeben sowie die Kondensmilch und die Speisestärke. Alles gut miteinander verrühren. Die Masse in die Springform füllen.

3. Im vorgeheizten Backofen bei 175 °C Umluft etwa 20 Minuten backen.

4. Für das Baiser das Eiweiß auf mittlerer Stufe halbsteif schlagen. Den Zucker unter ständigem Rühren einrieseln lassen. Weiterschlagen, bis die Baisermasse glänzend und fest ist. Die Masse in eine Spritztülle füllen. Den Kuchen aus dem Ofen nehmen und mit dem Baiser verzieren.

5. Weitere 10 Minuten mit Oberhitze im Ofen backen. Herausnehmen und mindestens 4 Stunden im Kühlschrank kalt stellen. Mit den Limettenstückchen dekorieren und kalt servieren.

TORTA DI RICOTTA

3	Eier
1	Zitrone, unbehandelt
150 g	Zucker
500 g	Ricotta
2 EL	Speisestärke
1 Pr	Salz
	Fett, Mehl für die Form
	Obstkompott

1. Die Eier trennen und in zwei Rührschüsseln geben. Die Zitrone heiß waschen, trocken tupfen und die Schale abreiben. Die Schale und den Zucker zum Eigelb geben und mit dem Handrührgerät zu einer hellen Creme aufschlagen. Die Zitrone auspressen und den Saft mit dem Ricotta, der Speisestärke sowie dem Salz in die Eimasse einrühren.

2. Das Eiweiß steif schlagen und mit einem Teigschaber vorsichtig unter die Eigelbmasse ziehen.

3. In eine gefettete und bemehlte Springform füllen. Im vorgeheizten Backofen bei 150 °C Umluft etwa 50 Minuten backen.

4. Die Torta im leicht geöffneten Backofen auskühlen lassen. Dann im Kühlschrank mindestens 3 Stunden ruhen lassen und schön gekühlt mit etwas Kompott servieren.

STACHELBEER CROSTATA

300 ml	Wasser
150 g	Zucker
1	Vanilleschote
750 g	Stachelbeeren
1/2 Pk.	Agartine
300 g	Mehl
175 g	Margarine
1	Ei
100 g	Rohrohrzucker
1	Zitrone, abgeriebene Schale
	Fett für die Form
1	Ei, verquirlt

1. Das Wasser mit dem Zucker in einen Topf geben und aufkochen lassen. Die Vanilleschote öffnen und das Mark herauskratzen. Mit in den Topf geben und für etwa 15 Minuten zu einem Sirup einkochen lassen. Die Stachelbeeren dazugeben und auf kleinster Stufe etwa 10 Minuten weiterköcheln. Die Stachelbeeren mit einer Schöpfkelle herausnehmen und beiseitestellen. Die Agartine zu der Flüssigkeit in den Topf geben, 2 Minuten aufkochen lassen und zu den Stachelbeeren geben.

2. Das Mehl, die Margarine, das Ei, den Zucker sowie die Zitronenschale auf eine Arbeitsfläche geben und rasch zu einem geschmeidigen Teig verkneten. Abgedeckt 1 Stunde kalt stellen.

3. 2/3 des Teiges ausrollen und in eine gefettete Springform legen. Den Boden festdrücken und einen etwa 2 cm hohen Rand formen. Mehrmals mit einer Gabel einstechen und im vorgeheizten Backofen bei 175 °C Umluft 15 Minuten vorbacken.

4. Aus dem restlichen Teig lange Röllchen formen. Den Boden aus dem Ofen nehmen, die Stachelbeeren darauf verteilen und die Röllchen gitterförmig darüberlegen. Mit dem verquirlten Ei bepinseln und weitere 30 Minuten backen. Den Kuchen herausnehmen, den Rand mit einem Messer lösen und mindestens 4 Stunden kühl stellen.

SCHOKO BOMBE

70 g	Haselnusskerne
175 g	Zartbitterschokolade
175 g	Butter
4	Eier
150 g	Zucker
1	Vanilleschote
30 g	Mehl, Typ 405
1/2 TL	Weinsteinbackpulver
	Fett für die Form
100 g	Sahne
250 g	Zartbitterschokolade
1 EL	Honig
1 TL	Butter

1. Die Haselnüsse auf ein Blech geben und bei 190 °C im Backofen für etwa 15 Minuten rösten. Die Nüsse herausnehmen, abkühlen lassen und mit einem trockenen Küchentuch abreiben, bis sie von ihrer Haut befreit sind. Mit dem Pürierstab fein zerkleinern.

2. Die Schokolade in kleinen Stücken mit der Butter in einen Topf geben und auf niedriger Stufe zum Schmelzen bringen. Beiseitestellen.

3. Die Eier trennen. Das Eigelb mit 100 g Zucker zu einem festen Schaum rühren. Die Vanilleschote öffnen, das Mark herauskratzen und zu dem Eigelb geben. Die Schokoladen-Butter-Masse und die Haselnüsse einrühren. Das Mehl dazusieben.

4. Das Eiweiß auf mittlerer Stufe steif schlagen. Das Weinsteinbackpulver und den restlichen Zucker dazugeben und kurz weiterschlagen.

5. Den Eischnee mit einem Teigschaber vorsichtig unter die Teigmasse heben. In eine gefettete Springform füllen und bei 190 °C etwa 40 Minuten backen. Stäbchenprobe machen. Aus dem Ofen nehmen, den Rand lösen und den Kuchen erkalten lassen.

6. Die Sahne in einem Topf erhitzen. Die Schokolade in Stücken, den Honig und die Butter dazugeben und unter stetigem Rühren auflösen lassen. Den Kuchen mit der warmen Ganache überziehen und mindestens 6 Stunden ruhen lassen.

BUTTER ECKEN

250 ml	Milch
40 g	frische Hefe
75 g	Zucker
500 g	Mehl
1	Ei
75 g	Butter
1 Pr	Salz
	Fett für die Form
150 g	Butter
50 g	Zucker
200 g	Mandeln, gehobelt
100 g	Puderzucker
200 g	Sahne

1. Die Milch in einem Topf lauwarm erwärmen und in eine Schüssel geben. Die Hefe hineinbröckeln und mit dem Zucker bestreuen. Gut abdecken und 15 Minuten gehen lassen. Das Mehl, das Ei, die Butter sowie das Salz hinzugeben und alle Zutaten kräftig verkneten. Sobald der Teig beginnt, Blasen zu schlagen, die Schüssel mit einem feuchten Küchentuch abdecken und an einem warmen Ort für mindestens 1 Stunde gehen lassen.

2. Den Teig auf einer bemehlten Arbeitsfläche ca. 1 cm dick ausrollen und auf ein gefettetes Backblech legen. In regelmäßigen Abständen kleine Vertiefungen in den Teig drücken und dort hinein die Butter in Flöckchen verteilen. Den Zucker, die Mandeln und den Puderzucker darüberstreuen.

3. Im vorgeheizten Backofen bei 175 °C Umluft den Kuchen etwa 20 Minuten goldbraun backen. Den Kuchen mit der Sahne übergießen und im Ofen auskühlen lassen.

MOHNKRANZ

450 g	Weizenmehl
20 g	Hefe
1 EL	Zucker
200 ml	Milch
60 g	Butter
1	Ei
1 Pr	Salz
1 EL	Zitronenschale
50 g	Zartbitterschokolade
1 Pk.	Mohnback
2 EL	Sahne
2 EL	Rum
3 EL	Rosinen
4 EL	Milch
	Fett für die Form
6 EL	Puderzucker
1 EL	Rum

1. Das Mehl in eine Schüssel sieben und eine Mulde formen. Die Hefe hineinbröckeln und mit dem Zucker bestreuen. Die Milch und die Butter in einem Topf lauwarm erhitzen und ein paar Löffel davon zu der Hefe geben, sodass sie bedeckt ist. 15 Minuten abgedeckt ruhen lassen.
2. In der Zwischenzeit die Schokolade in kleine Stücke zerteilen und mit der Mohnmischung, der Sahne, dem Rum und den Rosinen vermengen. Abgedeckt stehen lassen.
3. Mit dem Handmixer den Hefevorteig mit der restlichen Milch und Butter, dem Ei, dem Salz und der Zitronenschale verkneten. Dafür die Knethaken verwenden und den Teig solange auf höchster Stufe kneten, bis er Blasen wirft. An einem warmen Ort abgedeckt mindestens 1 Stunde gehen lassen.
4. Den Teig auf einer bemehlten Fläche zu einem Rechteck ausrollen und mit der Mohnfüllung bestreichen. An der längeren Seite entlang aufrollen und in etwa 5 cm dicke Scheiben schneiden. Diese mit der Schnittfläche nach oben nebeneinander in eine gefettete Kranzform legen. Weitere 15 Minuten ruhen lassen.
5. Im vorgeheizten Backofen bei 160 °C etwa 35 Minuten backen. Zwischendurch die Oberfläche mit der Milch bepinseln. Die Form aus dem Ofen nehmen und den Kranz zum Auskühlen auf ein Gitter stürzen. Den Puderzucker mit dem Rum glattrühren und den erkalteten Mohnkranz damit besprenkeln.

RÜEBLI KUPPEL

200 g	Butter
250 g	Karotten
300 g	Zucker
250 g	Mandeln, gerieben
1	Zitrone, unbehandelt, Schale und Saft
350 g	Mehl
2 TL	Backpulver
4	Eier
	Fett für die Form
4 EL	Puderzucker
12	Marzipankarotten

1. Die Butter in einem Topf schmelzen und zum Auskühlen beiseitestellen.

2. Die Karotten auf einer Reibe fein raspeln. Mit dem Zucker, den Mandeln, der Zitronenschale und dem Zitronensaft in eine Schüssel geben. Das Mehl mit dem Backpulver mischen und in die Schüssel sieben. Gründlich vermengen.

3. Die Eier trennen. Das Eiweiß steif und das Eigelb cremig rühren. Zuerst das Eigelb und die Butter in den Teig einarbeiten. Dann die Masse vorsichtig mit einem Teigschaber unter den Eischnee heben.

4. Die Masse in eine gefettete Springform geben. Im vorgeheizten Backofen bei 175 °C Umluft etwa 1 Stunde backen. Die Torte aus der Form lösen und auskühlen lassen. Vor dem Servieren den Puderzucker darübersieben und mit den Marzipankarotten dekorieren.

Die Rüeblikuppel ist so saftig, dass sie sich gut verpackt wunderbar ein paar Tage im Kühlschrank hält!

ZUCCHINI KASTENKUCHEN

3	Eier
250 g	Zucker
350 g	Zucchini
150 ml	Sonnenblumenöl
150 g	Haselnüsse, gemahlen
300 g	Mehl
1 TL	Backpulver
1 TL	Zimt
	Fett, Mehl für die Form
100 g	Schokoladenglasur

1. Die Eier und den Zucker in eine Schüssel geben und für etwa 5 Minuten schaumig rühren. Die Zucchini fein reiben und mit dem Öl und den Nüssen unter den Eischaum heben. Das Mehl sieben und mit dem Backpulver und dem Zimt mischen. Die Mischung unter stetigem Rühren löffelweise in die Schüssel geben.

2. Den Teig in eine gefettete und leicht bemehlte Kastenform geben. Im vorgeheizten Backofen bei 175 °C etwa 1 Stunde backen. Den Kuchen aus der Form lösen, auf ein Kuchengitter stürzen und auskühlen lassen.

3. Die Schokoladenglasur im Wasserbad schmelzen und den Kuchen mit einem Backpinsel damit überziehen.

Kürbiskuchen

200 g	Mehl
100 g	Butter
1	Ei
1 EL	kaltes Wasser
1 Pr	Salz
1 kg	Hokkaido-Kürbis
1	Stück Ingwer, walnussgroß
2 EL	Butter
200 ml	Wasser
1	Zimtstange
1 Pr	Muskatnuss
1	Bio-Orange, abgeriebene Schale
3	Eier
6 EL	Ahornsirup
3–4 EL	brauner Rum
125 g	Crème double
	Mehl zum Bearbeiten

1. Das Mehl in eine Schüssel geben, die Butter in Stückchen, das Ei, das kalte Wasser und das Salz zugeben. Alle Zutaten zu einem glatten Teig verkneten. Abgedeckt kalt stellen.

2. Den Kürbis gründlich abwaschen, vierteln und entkernen. In grobe Stücke schneiden. Den Ingwer schälen und fein reiben. Die Butter in einem Topf erhitzen, Kürbis und Ingwer darin andünsten. Das Wasser zugießen, Zimt, Muskat und Orangenschale zugeben und geschlossen bei mittlerer Hitze 20 Minuten garen, dabei regelmäßig umrühren. Die Zimtstange entfernen und die Kürbismasse auskühlen lassen.

3. Den Teig auf einer bemehlten Arbeitsfläche ausrollen, in eine Springform geben und einen etwa 4 cm hohen Rand formen. Den Teigboden mit einer Gabel mehrmals einstechen. Die Eier, den Ahornsirup, den Rum und die Crème double zur Kürbismasse geben und glatt rühren. Die Kürbismasse auf den Teigboden geben und glatt streichen.

4. Den Kuchen im vorgeheizten Backofen bei 200 °C Umluft etwa 40 Minuten backen. Stäbchenprobe machen. Die Form aus dem Ofen nehmen, den Rand lösen und den Kuchen auskühlen lassen.

RHABARBER SCHNITTEN

1 kg	Rhabarber
2 EL	Zucker
300 g	Weizenmehl
4 EL	brauner Zucker
100 g	Butter
2	Eigelb
1 Pr	Salz
100 g	saure Sahne
200 g	Crème fraîche
3 EL	Zucker
2	Eigelb
2 EL	Stärke
1	Vanilleschote, Mark
4	Eiweiß
150 g	Zucker

1. Den Rhabarber schälen, in eine große Schale legen und mit den 2 EL Zucker bestreuen. Etwa 15 Minuten ziehen lassen.

2. Das Mehl, den braunen Zucker, die Butter in Stückchen und das Eigelb mit dem Salz zu einem glatten Teig verkneten. Den Teig rechteckig ausrollen und auf ein mit Backpapier ausgelegtes Backblech legen. Im vorgeheizten Ofen bei 175 °C Umluft 15 Minuten vorbacken.

3. In der Zwischenzeit die Füllung und das Baiser zubereiten. Dafür die saure Sahne, die Crème fraîche, den Zucker, das Eigelb, die Stärke und das Mark der Vanilleschote verquirlen. Das Eiweiß halbsteif schlagen und unter ständigem Rühren den Zucker einrieseln lassen.

4. Den Boden aus dem Ofen nehmen, die Rhabarberstangen trocken tupfen und der Länge nach auf den Boden legen. Die Creme darübergeben und das Baiser mit einem Messer flach darüberstreichen.

5. Im Ofen weitere 30 Minuten backen. Falls die Baiserhaube beginnt braun zu werden, ein zweites Blech über den Kuchen schieben, damit sie nur noch langsam nachdunkelt. Den Kuchen aus dem Ofen nehmen und auskühlen lassen.

BÜNDNER NUSSTORTE

350 g	Mehl
250 g	Butter
200 g	Zucker
1 Pr	Salz
1	Ei
300 g	Zucker
450 g	Walnüsse
4 EL	Honig
150 g	Sahne
	Fett für die Form
	Mehl zum Ausrollen
1	Eiweiß
1	Eigelb
2 EL	Sahne

1. Das Mehl, die Butter, den Zucker, das Salz und das Ei in eine Schüssel geben und zu einem mürben Teig verkneten. Zu einem Kloß formen und für 1 Stunde abgedeckt in den Kühlschrank stellen.

2. Den Zucker in eine große Pfanne streuen und auf hoher Flamme zum Schmelzen bringen. Wenn der Zucker vollständig karamellisiert ist, die Nüsse dazugeben und gut vermengen. Den Honig und die Sahne hinzufügen. Abgedeckt auf kleiner Flamme weiterköcheln lassen, bis die Nüsse in einer homogenen Karamellmasse eingebunden sind.

3. Eine Springform einfetten. Den Teig zu 2/3 und 1/3 aufteilen. Den größeren Teil auf einer bemehlten Arbeitsfläche ausrollen und damit die Form komplett auslegen. Den Boden mit einer Gabel mehrmals einstechen. Die Nussmasse einfüllen und glatt streichen. Den überstehenden Teig über die Füllung legen und mit Eiweiß bestreichen. Den restlichen Teig im Durchmesser der Form ausrollen und als Deckel auf den Kuchen legen. Aus den Teigresten Verzierungen formen und mit Eiweiß auf den Deckel »kleben«. Das Eigelb und die Sahne verquirlen und die Torte damit bestreichen.

4. Im vorgeheizten Backofen bei 175 °C Umluft etwa 40 Minuten backen. Die Torte aus dem Ofen nehmen, den Rand lösen und abkühlen lassen.

5. In Folie einschlagen und 3 Tage durchziehen lassen, damit sie ihr Aroma richtig entfalten kann.

Sandkuchen im Glas

350 g	Butter
6	Eier
300 g	Zucker
1 Pk.	Vanillezucker
1 Pr	Salz
1	Zitrone, abgeriebene Schale
250 g	Mehl
150 g	Speisestärke
1 TL	Backpulver
100 g	Beeren nach Wahl
	Fett, Mehl für die Gläser
8	zylindrische Marmeladengläser à 250 ml
3 EL	Puderzucker

1. Die Butter in einem Topf schmelzen und zur Seite stellen.
2. Die Eier mit dem Zucker, dem Vanillezucker, dem Salz und der Zitronenschale in eine Schüssel geben. Mit dem Handrührgerät auf höchster Stufe 4 Minuten schaumig schlagen.
3. Das Mehl, die Speisestärke und das Backpulver vermengen und sieben. Unter stetigem Rühren löffelweise zu der Eimasse geben, dann die Beeren hinzufügen.
4. Die Gläser einfetten und mit Mehl bestäuben. Wenn sie später verschließbar sein sollen, dann zu einem Drittel mit Teig befüllen, ansonsten zur Hälfte.
5. Im vorgeheizten Backofen bei 160 °C Umluft etwa 1 Stunde backen. Stäbchenprobe machen, dann aus dem Ofen nehmen. Die Schraubdeckel auf die heißen Gläser setzen und fest verschließen.

Ausgekühlt und im Kühlschrank aufbewahrt halten sich die Kuchen leicht ein paar Wochen. Zum Servieren den Kuchen stürzen und mit Puderzucker bestreuen.
Der Sandkuchen lässt sich auch in einer Kasten- oder Kranzkuchenform backen.

KIRSCH STREUSEL

100 g	Marzipanrohmasse
250 g	Zucker
250 g	Butter
450 g	Mehl
600 g	Kirschen
2 Pk.	Vanillezucker
4	Eier
2 TL	Backpulver
150 ml	Buttermilch
	Fett für die Form

1. Das Marzipan in kleinen Flocken in eine Schüssel geben. 100 g Zucker, 100 g Butter sowie 200 g Mehl zugeben und von Hand zu einer bröseligen Streuselmasse verkneten. Etwa 30 Minuten kühl stellen.

2. Die Kirschen waschen, entsteinen und abtropfen lassen.

3. 150 g Butter, den Vanillezucker und 150 g Zucker mit dem Handrührgerät cremig rühren. Die Eier nacheinander hinzugeben. Das restliche Mehl und das Backpulver mischen und abwechselnd mit der Buttermilch unterrühren.

4. Die Masse auf ein gefettetes Backblech mit hohem Rand geben und glatt streichen. Die Kirschen darauf verteilen. Die Streuselmasse darüberstreuen. Im vorgeheizten Backofen bei 150 °C Umluft ca. 50 Minuten backen.

BANANEN BROT

200 g	Nussmischung, ungesalzen
200 g	brauner Zucker
1 EL	Butter
2	Eier
1 Pk.	Vanillezucker
50 ml	Sonnenblumenöl
200 g	saure Sahne
1 Pr	Salz
250 g	Vollkornmehl
2 TL	Backpulver
2	Bananen, reif
	Fett, Mehl für die Form

1. Die Nüsse grob zerkleinern, in einer Pfanne bräunen und in ein Schälchen geben. 100 g Zucker in der Pfanne karamellisieren lassen. Die Butter dazugeben und die Nüsse in der Masse wälzen. Zum Abkühlen auf einen Teller streichen.

2. Die Eier mit dem restlichen Zucker für etwa 5 Minuten cremig schlagen. Den Vanillezucker, das Öl, die saure Sahne und das Salz unterrühren. Das Mehl mit dem Backpulver mischen, löffelweise dazugeben und zügig unterziehen. Die Bananen in feine Scheibchen schneiden und mit den karamellisierten Nüssen ebenfalls hinzufügen. In eine gefettete und bemehlte Form füllen.

3. Im vorgeheizten Backofen bei 150 °C Umluft etwa 1 Stunde backen. Herausnehmen, die Ränder lösen und zum Auskühlen auf ein Kuchengitter stürzen.

MARMOR GUGELHUPF

250 g	Margarine
4	Eier
250 g	Puderzucker, gesiebt
200 g	Naturjoghurt
300 g	Mehl
100 g	Speisestärke
2 EL	Backpulver
1 Pk.	Vanillezucker
2 EL	Kakaopulver
1	Vanilleschote, Mark
2 EL	Rum
	Fett für die Form
200 ml	Schokoladenglasur

1. Die Margarine in einem kleinen Topf schmelzen und abkühlen lassen. Die Eier trennen. Das Eigelb mit dem Puderzucker schaumig rühren. Die geschmolzene Margarine langsam dazugeben. Den Joghurt unterrühren. Das Mehl sieben, mit der Speisestärke und dem Backpulver vermengen und löffelweise unterrühren.

2. Das Eiweiß steif schlagen. Mit einem Teigschaber vorsichtig unter den Teig heben. Den Teig in zwei Hälften teilen. In die eine Hälfte den Vanillezucker einrühren. Die andere Hälfte mit dem Kakao, dem Vanillemark und dem Rum vermengen.

3. Den hellen und den dunklen Teig nacheinander in eine gefettete Kranzform geben und mit einer Gabel spiralförmig durchziehen.

4. Im vorgeheizten Backofen bei 175 °C Umluft etwa 1 Stunde backen. Aus der Form lösen und zum Auskühlen auf ein Kuchengitter stürzen.

5. Die Schokoladenglasur im Wasserbad schmelzen und den Kuchen damit überziehen.

APFELKUCHEN

200 g	Mehl
75 g	Zucker
100 g	Butter
3	Eier
1 Pr	Salz
1 kg	Äpfel
2 EL	Zitronensaft
	Fett für die Form
125 g	Sahne
1 Pk.	Vanillezucker

1. Das Mehl mit 50 g Zucker mischen und in eine Schüssel geben. Die Butter in Flöckchen dazugeben und mit einem Ei und dem Salz zu einem glatten Teig verkneten. Abgedeckt mindestens 1 Stunde kühl stellen.

2. Die Äpfel schälen, vierteln und das Kerngehäuse entfernen. Die Apfelviertel längs einschneiden und mit dem Zitronensaft beträufeln.

3. Den Teig rund ausrollen und in eine gefettete Springform legen. Dabei einen Rand von etwa 4 cm formen. Die Äpfel auf dem Kuchenboden verteilen und im vorgeheizten Backofen bei 190 °C etwa 20 Minuten vorbacken.

4. Die restlichen Eier, die Sahne, den restlichen Zucker sowie den Vanillezucker miteinander verquirlen, über den Kuchen gießen und weitere 20 Minuten backen. Aus dem Ofen nehmen, den Rand lösen und auskühlen lassen. Mit Schlagsahne servieren.

BROMBEER CRUMBLE

500 g	Brombeeren
100 g	Mehl, Typ 1005
100 g	Haferflocken
50 g	Zucker
1 Pk.	Vanillezucker
100 g	Butter
100 g	Zartbitter-schokolade
1 TL	Zimt
2 EL	Mandelstifte
250 g	Sahne
1 EL	Puderzucker

1. Die Brombeeren in eine feuerfeste Form geben.
2. Das Mehl, die Haferflocken, den Zucker, den Vanillezucker, die Butter, die Zartbitterschokolade und den Zimt in eine Schüssel geben und miteinander verkneten. Die Masse in Streuseln über die Brombeeren geben und mit den Mandelstiften bestreuen.
3. Im vorgeheizten Backofen bei 175 °C etwa 20 Minuten backen.
4. Die Sahne steif schlagen. Den Crumble aus dem Ofen nehmen, mit Puderzucker bestreuen und noch warm mit der Schlagsahne servieren.

OBSTTARTE

120 g	Dinkelvollkornmehl
70 g	Rohrohrzucker
1 Pr	Salz
1	Eigelb
50 g	Butter
300 g	Hülsenfrüchte zum Blindbacken
1 Pk.	Vanillepudding
500 ml	Milch
4 EL	Zucker
1	Vanilleschote
2 EL	Weichweizengrieß
	Früchte nach Belieben

1. Das Mehl, den Zucker, das Salz und das Eigelb vermengen und die Butter in Flöckchen dazugeben. Alle Zutaten zu einem glatten Teig verkneten.

2. Im Durchmesser der Backform 2 Kreise Backpapier ausschneiden. Einen in die Form legen und den Teig mit einem flachen Rand in die Form drücken. Den Boden mehrmals mit einer Gabel einstechen. Das zweite Papier darauflegen und mit den Hülsenfrüchten beschweren. Im vorgeheizten Backofen etwa 15 Minuten blindbacken lassen. Die Hülsenfrüchte und das Backpapier entfernen und den Boden auskühlen lassen.

3. Den Pudding mit der Milch und dem Zucker nach Packungsanleitung kochen. Die Vanilleschote der Länge nach aufschneiden und das Mark herauskratzen. Zum Pudding dazugeben und den Grieß einrühren. Die Masse auf den Boden geben und erkalten lassen.

4. Die Früchte waschen, trocken tupfen und nach Belieben die Tarte damit belegen.

TARTE TATIN

3 kg	Äpfel
150 g	Zucker
150 g	Butter
100 g	kalte Butter
200 g	Mehl
50 g	Zucker
1 Pr	Salz
	Crème fraîche

1. Die Äpfel schälen, entkernen und grob würfeln.
2. Den Zucker in eine Tarteform oder feuerfeste große Pfanne streuen und bei hoher Flamme vollständig zum Schmelzen bringen. Sobald der Zucker karamellisiert ist, die Hitze zurücknehmen und das Karamell langsam etwas dunkel werden lassen. Die Butter einrühren. Die Äpfel in die Form geben und mit einem Deckel oder Alufolie bedecken. Bei niedriger Flamme etwa 10 Minuten köcheln lassen.
3. Die kalte Butter, das Mehl, den Zucker und das Salz rasch zu einem Teig verkneten.
4. Die Äpfel mit einem flachen Gegenstand in die Form drücken und verdichten. Den mürben Teig in der Größe der Form vorsichtig ausrollen und mit einem Teigheber auf die Apfelmasse legen. Überstehenden Teig in den Rand der Form drücken.
5. Im vorgeheizten Backofen bei 180 °C Umluft etwa 45 Minuten backen. Herausnehmen und auf eine Tortenplatte stürzen. Lauwarm oder kalt mit etwas Crème fraîche servieren.

HEFEZOPF

500 g	Weizenmehl
200 ml	Milch
50 g	Sahne
20 g	Backhefe
50 g	Zucker
1 Pk.	Vanillezucker
1	Ei
1 TL	Zitronenschale
1/2 TL	Salz
80 g	Butter
1	Ei
1 Pr	Salz
1 Pr	Zucker
2 EL	Hagelzucker
50 g	Mandelstifte

1. Das Mehl in eine Schüssel sieben. Die Milch und die Sahne in einem Topf leicht erwärmen und in ein hohes Gefäß geben. Die Hefe hineinbröckeln und mit dem Zucker sowie dem Vanillezucker bestreuen. Das Ei und die Zitronenschale hinzugeben und am besten mit dem Mixstab alles miteinander verquirlen, bis sich die Hefe komplett aufgelöst hat.

2. Die Mischung zu dem Mehl geben, das Salz und die Butter in kleinen Stückchen hinzufügen und mit dem Knethaken alle Zutaten zu einem geschmeidigen Teig verarbeiten. Mit einem angefeuchteten Küchentuch abdecken und an einen warmen Ort stellen. Dort soll der Teig in Ruhe aufgehen, bis er sein Volumen verdoppelt hat.

3. Den Teig dritteln, drei Stränge daraus formen und diese zu einem Zopf flechten. Das gelingt am besten, indem man sie mittig übereinander legt und von dort jeweils zu ihren beiden Enden miteinander verflicht.

4. Den Zopf auf ein mit Backpapier ausgelegtes Blech legen, abdecken und nochmals mindestens 20 Minuten gehen lassen. Das Ei mit dem Salz und dem Zucker verquirlen und den Zopf damit bestreichen. Mit Hagelzucker und Mandelstiften bestreuen und in den Ofen schieben. Bei 200 °C Ober- und Unterhitze für 20 Minuten backen. Dann die Temperatur auf 180 °C verringern und etwa weitere 25 Minuten backen.

Wer mag, fügt dem Teig noch Rosinen oder einen Schuss Rum hinzu. Schmeckt sehr lecker mit Butter und Marmelade!

KALTER HUND

400 g	Vollmilch-schokolade
200 g	Zartbitter-schokolade
150 g	Kokosfett
200 g	Schlagsahne
1 Pk.	Vanillezucker
200 g	Butterkekse

1. Die Vollmilch-, die Zartbitterschokolade, das Kokosfett und die Schlagsahne in einem Topf auf niedriger Flamme zum Schmelzen bringen. Dabei mehrmals umrühren, damit nichts anbrennen kann. Den Vanillezucker dazugeben.
2. Eine rechteckige Form mit Klarsichtfolie auslegen und eine dünne Schicht der Schokoladencreme auf den Boden geben. Darauf eine Lage Kekse schichten und so abwechselnd die Form auffüllen.
3. Abdecken und im Kühlschrank am besten über Nacht fest werden lassen. Die Form stürzen, die Folie abziehen und den Kalten Hund in Scheiben oder Stücke schneiden.

Der Kalte Hund lässt sich je nach Geschmack wunderbar mit etwas Rum, feinem Orangenschale oder 1 EL Espressopulver in der Schokoladenmasse abwandeln.

AMERIKANER

100 g	Margarine
100 g	Zucker
1 Pk.	Vanillezucker
2	Eier
1 Pr	Salz
1 Pk.	Vanille-pudding
6 EL	Milch
250 g	Mehl
2 TL	Backpulver
200 g	Puderzucker
1	Zitrone, Saft
2 EL	Kakao

1. Die Margarine 3–5 Minuten cremig rühren. Den Zucker und den Vanillezucker unter ständigem Rühren langsam einrieseln lassen. Darauf folgen die Eier und das Salz. Das Puddingpulver in 4 EL Milch auflösen und dazugeben. Das Mehl sieben, mit dem Backpulver vermengen und löffelweise zum Teig geben.

2. 2 Backbleche mit Backpapier auslegen und am besten mit einer Spritztülle, ansonsten mit einem Esslöffel, 15 gleich große Teighäufchen darauf setzen. Darauf achten, dass sie nicht zu dicht aneinander sitzen, da sie ihr Volumen etwa verdoppeln. Einen Löffel in Wasser tauchen und mit dem Rücken die Häufchen in Form bringen. Dabei die Oberfläche glatt streichen.

3. Im vorgeheizten Backofen bei 190 °C für 8 Minuten im Ofen backen. Die Amerikaner mit der restlichen Milch bepinseln und etwa weitere 2 Minuten backen. Sie sind perfekt, wenn sie eine schöne goldgelbe Farbe annehmen. Herausnehmen und auf einem Gitter abkühlen lassen.

4. Den Puderzucker mit soviel Saft der Zitrone anrühren, bis die Konsistenz zähfließend ist. Mit einem Teil die Amerikaner zur Hälfte bepinseln, den anderen Teil mit dem Kakao anrühren und fertig glasieren.

MUFFINS

200 g	rote Johannisbeeren
50 g	Mandeln, gemahlen
50 g	Butter, weich
150 g	Zucker
1	Vanilleschote
2	Eier
1 Pr	Salz
200 g	Mehl
1 TL	Backpulver
150 ml	Milch
9	Papier-Muffinförmchen
200 g	Puderzucker
2 TL	Johannisbeersaft
2 TL	Zitronensaft

1. Die Johannisbeeren gründlich waschen und abtropfen lassen. Trocken tupfen und ein paar Rispen für die Deko beiseitelegen. Die restlichen Beeren abzupfen.

2. Die Mandeln in einer Pfanne ohne Fett leicht anrösten. Abkühlen lassen. Die Butter und den Zucker in eine Schüssel geben und schaumig rühren. Die Vanilleschote der Länge nach halbieren und das Mark herauskratzen. Das Vanillemark sowie die Eier und das Salz dazugeben und glatt rühren.

3. Das Mehl mit dem Backpulver mischen. Die Milch nach und nach abwechselnd mit dem Mehl in den Teig einrühren. Die Mandeln unterrühren.

4. Muffinförmchen in eine Muffinbackform oder auf ein Backblech geben. Je 1 EL Teig einfüllen und die Johannisbeeren darauf verteilen. Den restlichen Teig einfüllen.

5. Im vorgeheizten Backofen bei 175 °C Umluft etwa 25 Minuten backen. Stäbchenprobe machen.

6. Für die Glasur den Puderzucker in eine Schüssel geben und den Saft langsam dazuträufeln. Mit einer Gabel solange rühren, bis die Masse glatt und zähflüssig ist. Die Muffins damit glasieren und mit den Beeren dekorieren.

ZIMTSCHNECKEN

1 Würfel	frische Hefe
2 EL	Wasser, lauwarm
1 TL	Zucker
1 Pk.	Vanillepuddingpulver
500 ml	Milch
2 EL	Zucker
50 g	Butter, zerlassen
1	Ei
1 Pr	Salz
500 g	Mehl, Typ 405
30 g	Butter, zerlassen
200 g	brauner Zucker
1 TL	Zimt
	Fett für die Form
100 g	Frischkäse
50 g	Butter
1 Pk.	Vanillezucker
300 g	Puderzucker, gesiebt

1. Die Hefe zerbröckeln und mit dem Wasser in ein kleines Gefäß geben. Den Zucker darüberstreuen und abdecken.
2. Den Vanillepudding mit der Milch und dem Zucker nach Packungsanleitung zubereiten. Den Pudding in eine große Schüssel geben und im Wasserbad auf Körpertemperatur abkühlen lassen. Die Butter, das Ei und das Salz unterrühren. Die Hefemischung ebenfalls dazugeben und nach und nach das Mehl unterkneten. Den Teig abdecken und an einem warmen Ort 1 Stunde gehen lassen. Kräftig durchkneten und nochmals 1 Stunde gehen lassen.
3. Den Teig auf einer bemehlten Arbeitsfläche zu einem etwa 1 cm hohen Rechteck ausrollen und mit der Butter bepinseln. Den Zucker mit dem Zimt mischen und darüberstreuen. Die Teigplatte der Länge nach fest aufrollen. Etwa 6 cm dicke Scheiben abschneiden und diese nebeneinander in eine gefettete rechteckige Backform mit hohem Rand setzen. Im vorgeheizten Backofen bei 175 °C Umluft ca. 15–20 Minuten backen.
4. Den Frischkäse, die Butter, den Vanillezucker sowie den Puderzucker glatt rühren und die warmen Zimtschnecken damit bepinseln. Am besten lauwarm servieren.

SCONES

250 g	Mehl
2 TL	Backpulver
2 Pk.	Vanillezucker
1/4 TL	Salz
50 g	Butter
150 g	Joghurt
4 EL	Milch
	Clotted Cream, ersatzweise Creme fraîche
	Marmelade

1. Alle Zutaten in eine Schüssel geben und mit den Knethaken des Handrührgerätes verkneten. Eine Teigkugel formen und diese im Kühlschrank 10 Minuten ruhen lassen.
2. Die Arbeitsfläche bemehlen und den Teig mit dem Nudelholz etwa 1 cm dick ausrollen. Mit einer Form oder einem Glas Kreise von etwa 6 cm Durchmesser ausstechen. Ein Backblech mit Backpapier auslegen und die Teigkreise darauflegen. Weitere 10 Minuten ruhen lassen.
3. Mit Milch bepinseln. Im vorgeheizten Backofen bei 200 °C Umluft für etwa 12 Minuten goldgelb backen. Etwas abkühlen lassen und noch warm mit Clotted Cream und Marmelade servieren.

Dazu schmeckt wunderbar ein feiner Schwarztee mit Sahne. Und wer mag, fügt dem Teig Rosinen oder Schokostückchen bei.

COOKIES

250 g	Butter
100 g	Zucker
1 Pk.	Vanillezucker
1 Pr	Salz
1	Ei
200 g	Mehl, Typ 1005
1 TL	Backpulver
2 TL	Kakaopulver
100 g	Schokolade, gehackt
100 g	Nüsse oder Trockenfrüchte, wie Macadamias, Paranüsse, Cranberries

1. Die Butter mit dem Zucker, dem Vanillezucker und dem Salz in eine Schüssel geben und cremig rühren. Das Ei dazugeben und weiterrühren. Das Mehl mit dem Backpulver vermengen. Unter ständigem Rühren zum Teig geben.

2. Den Teig halbieren und in einen Teil das Kakaopulver einrühren. Die Hälfte der Schokolade, der Nüsse und der Cranberries in die beiden Teighälften untermengen.

3. Ein Backblech mit Backpapier auslegen. Mit 2 Teelöffeln etwa 12 walnussgroße Häufchen auf das Blech setzen. Ausreichend Abstand lassen, da die Cookies auseinandergehen. Mit der übrigen Schokolade, den Nüssen und den Cranberries bestreuen.

4. Im vorgeheizten Backofen bei 150 °C Umluft etwa 15 Minuten backen, bis die Cookies am Rand beginnen dunkler zu werden. Aus dem Ofen nehmen und die noch weichen Cookies vorsichtig auf einem Gitter abkühlen lassen. Frisch servieren oder luftdicht verpackt aufbewahren.

ZITRONEN RAUTEN

225 g	Butter
200 g	Mehl, Typ 405
75 g	Puderzucker
4	Eier
30 g	Mehl, Typ 405
1 TL	Backpulver
300 g	Zucker
1 TL	Zitronenschale
150 ml	Zitronensaft, frisch gepresst
	Puderzucker zum Bestäuben

1. Die Butter in kleine Stücke schneiden, das Mehl und den Puderzucker sieben und alle drei Zutaten in eine Schüssel geben. Mit dem Handmixer zu einer kompakten Masse verarbeiten.

2. Diese in eine gut gefettete rechteckige Backform drücken, die etwa die Maße eines halben Backbleches hat. Im vorgeheizten Backofen bei 175 °C Umluft etwa 20 Minuten goldgelb backen.

3. In der Zwischenzeit die Eier in eine Schüssel geben und mit dem Handmixer für etwa 5 Minuten zu einem cremigen Schaum rühren. Das Mehl und das Backpulver vermengen und darübersieben. Mit einem Teigschaber vorsichtig unterziehen, ebenso den Zucker und die Zitronenschale. Abschließend den Zitronensaft dazurühren und die Masse zügig auf den vorgebackenen Teig geben.

4. Weitere 20–25 Minuten backen, bis sich der Kuchen knusprig braun färbt. Im leicht geöffneten Ofen auskühlen lassen. Den Kuchen in rautenförmige Stücke schneiden und im Kühlschrank mindestens 4 Stunden kühlen. Die Schnitten vor dem Servieren mit Puderzucker bestäuben.

LEMONCURD TÖRTCHEN

220 g	Mehl
50 g	Zucker
1 Pk.	Vanillezucker
140 g	Butter
1 Pr	Salz
1	Ei
	Fett für die Form
20 g	Butter
1	Zitrone, Schale und Saft
50 g	Zucker
2	Eier
2	Eigelb
2	Eiweiß
100 g	Zucker
1 Pr	Stärke

1. Das Mehl in eine Schüssel geben. Den Zucker, den Vanillezucker, die Butter in Stückchen, das Salz sowie das Ei hinzufügen und zügig von Hand zu einem glatten Teig verkneten. In 8 Portionen aufteilen. Auf einer bemehlten Fläche in der Größe der Tartelette-Formen ausrollen. Die Formen mit Butter auspinseln und mit dem Teig auslegen. Mindestens 1 Stunde kühl stellen.

2. Die Butter in einem Topf schmelzen und die Zitronenschale dazugeben. Den Zucker im Zitronensaft auflösen und zufügen. Auf mittlerer Hitze die Masse unter ständigem Rühren eindicken lassen. Vom Herd nehmen und die Eier sowie das Eigelb mit einem Schneebesen zügig einrühren. Unter stetigem Rühren nochmals vorsichtig erhitzen, bis die Masse dickflüssig wird. Durch ein feines Sieb geben und warm halten.

3. Die Tartelettes im vorgeheizten Backofen bei 180 °C für etwa 10–15 Minuten backen, bis sie eine leichte Bräunung zeigen.

4. Das Eiweiß mit dem Handmixer für ca. 3 Minuten steif schlagen. Den Zucker unter ständigem Rühren langsam einrieseln lassen. Die Stärke dazugeben und für weitere 10 Minuten schlagen, bis der Eischnee eine glatte, glänzende und sehr feste Konsistenz erhält.

5. Die Tartelettes mit der Zitronencreme füllen und den Eischnee vorsichtig daraufgeben. Etwa 6 Minuten backen, bis das Baiser leicht anbräunt. Aus dem Ofen nehmen und abkühlen lassen.

HEIDELBEER TRAUM

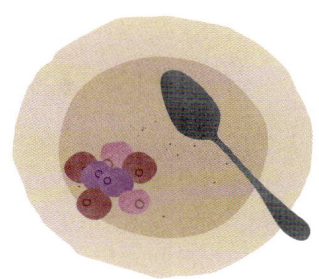

200 g	Vollkornbutterkekse
100 g	weiße Schokolade
100 g	Butter
400 g	Schlagsahne
2 Pk.	Sahnesteif
500 g	Magerquark
3 EL	Zitronensaft
100 g	Zucker
2 Pk.	Agartine
300 g	Heidelbeeren
2 Pk.	Vanillezucker
6 EL	Wasser
2 TL	Speisestärke

1. Die Butterkekse mit den Fingern zerbröseln und in eine Schüssel geben. Die Schokolade in einem Topf bei geringer Temperatur schmelzen. Mit der Butter zu den Keksbröseln geben und alle Zutaten kräftig miteinander verkneten. Eine Springform mit Backpapier auslegen, die Keksmasse hineingeben und fest andrücken. Im Kühlschrank 30 Minuten kalt stellen.

2. Die Sahne mit dem Sahnesteif fest schlagen. Den Quark mit dem Zitronensaft und dem Zucker cremig rühren. Die Agartine einrieseln lassen und 1 Minute weiterrühren. Die Sahne unter den Quark rühren und auf den Keksboden in die Springform streichen. Mindestens 4 Stunden im Kühlschrank kalt stellen.

3. Die Heidelbeeren in einen Topf geben und mit dem Vanillezucker und 4 EL Wasser erst aufkochen, dann 5 Minuten weiterköcheln lassen. Die Speisestärke in 2 EL kaltem Wasser auflösen, zu den Beeren geben und unter ständigem Rühren erneut aufkochen lassen, bis die Masse eingedickt ist. Beiseite stellen und abkühlen lassen.

4. Den Kuchen aus der Springform lösen und mit den Heidelbeeren bestreichen. Kalt servieren.

ERDBEERBISKUIT HERZ

4	große Eier
4 EL	kaltes Wasser
150 g	Zucker
150 g	Instant-Mehl Typ 405 (extra fein gemahlen)
1/4 TL	Backpulver
2 EL	Zucker
50 g	Zartbitterschokolade
500 g	Erdbeeren
200 g	Sahne
1 Pk.	Vanillezucker

1. Die Eier trennen und das Eiweiß mit dem Wasser steif schlagen. Den Zucker langsam einrieseln lassen und weiterschlagen. Das Eigelb vorsichtig einrühren. Das Mehl (anstatt Instant-Mehl kann man natürlich auch gängiges Mehl nehmen und es extra sieben) mit dem Backpulver mischen und ebenfalls in die Masse einrieseln lassen. Mit einem Teigschaber unterheben.

2. Den Boden einer Herzbackform mit Backpapier auslegen. Die Biskuitmasse zügig einfüllen und glatt streichen.

3. Im vorgeheizten Backofen bei 200 °C Umluft ca. 8 Minuten backen und die Tür nicht während dieser Zeit öffnen, da das Biskuit sonst zusammenfällt. Die Oberfläche soll trocken und leicht gebräunt sein, der Teig luftig.

4. Ein frisches Küchenhandtuch anfeuchten und mit dem Zucker bestreuen. Das Biskuit aus dem Ofen nehmen, den Rand mit einem Messer lösen und sofort auf das Handtuch stürzen. Auskühlen lassen.

5. Die Schokolade schmelzen und den Boden damit überziehen. Die Erdbeeren waschen, trocken tupfen, entstielen und nach Belieben klein schneiden. Den Boden mit der erkalteten Schokolade damit belegen. Die Sahne schlagen, den Vanillezucker dazugeben und den Kuchen damit dekorieren.

PAVLOVA

4	Eiweiß
4 EL	Wasser
200 g	Zucker
1 Pk.	Vanillezucker
1 TL	Zitronensaft
3 TL	Stärke
500 g	Schlagsahne
1 EL	Zucker
1	Mango
1	Kiwi
1	Banane
250 g	Erdbeeren

1. Das Eiweiß mit dem Mixer auf höchster Stufe schlagen. Nach und nach das Wasser, den Zucker und den Vanillezucker dazugeben und zu steifem Eischnee verquirlen. Den Zitronensaft und die Stärke hinzufügen und auf geringer Stufe einarbeiten.

2. Ein Backblech mit Backpapier auslegen. Die Baisermasse zu einem Kreis von etwa 20 cm Durchmesser daraufstreichen. Mit einem Löffel eine Vertiefung in die Mitte drücken, die dann später mit Sahne aufgefüllt wird. Im geschlossenem Backofen bei 130 °C 1 Stunde backen. Dann bei 100 °C eine weitere halbe Stunde backen und bei weiterhin geschlossener Backofentür abkühlen lassen, damit das Baiser nicht zusammenfällt.

3. Die Sahne zuckern und steif schlagen, die Früchte nach Belieben zum Dekorieren vorbereiten. Den Baiserboden mit der Sahne bestreichen und den Früchten belegen.

Die Torte soll der Legende nach zu Ehren der Ballerina Anna Pavlova so benannt worden sein. Ihr luftiger Baiserboden erinnere demnach an das Tutu der Tänzerin.

REGENBOGEN TORTE

12	Eier
400 g	Zucker
1 Pk.	Butter-Vanille-aroma
200 g	Mehl
200 g	Speisestärke
3 TL	Backpulver
	Lebensmittelfarbe gelb, rot, grün, blau
200 g	weiße Schokolade
1 EL	Kokosfett
500 g	Magerquark
200 g	Frischkäse
50 g	Puderzucker
2 Pk.	Vanillezucker
4 EL	Kokosflocken

1. Die Eier trennen. Das Eiweiß in eine Schüssel geben und auf mittlerer Stufe steif schlagen. Den Zucker einrieseln lassen und zu einem glatten, festen Eischnee weiterschlagen. Das Eigelb und das Vanillearoma unterrühren. Das Mehl mit der Speisestärke und dem Backpulver vermengen. Über die Eimasse sieben und mit einem Teigschaber vorsichtig unterheben.

2. Den Teig in 6 gleiche Teile aufteilen und in den Regenbogenfarben mit der Lebensmittelfarbe einfärben.

3. Im Durchmesser der Springform 6 Kreise aus Backpapier ausschneiden. Den Rand der Form gut einfetten, einen Backpapierkreis auf den Boden legen und einen Teil des Teiges einfüllen. Im vorgeheizten Backofen bei 150 °C Umluft etwa 20 Minuten backen. Die Form aus dem Ofen nehmen, den Rand sofort lösen und den Boden zum Auskühlen auf ein Kuchengitter stürzen. Die weiteren fünf Böden nach demselben Verfahren backen.

4. Für die Füllung die weiße Schokolade mit dem Kokosfett im heißen Wasserbad schmelzen. Den Quark mit dem Frischkäse, dem Zucker und dem Vanillezucker cremig rühren. Die Schokolade etwas abkühlen lassen und zügig unterrühren. Im Kühlschrank etwa 1 Stunde kalt stellen.

5. Den violetten Boden auf eine Kuchenplatte legen und mit 3 EL Creme bestreichen. Die anderen Böden nach demselben Prinzip darüberschichten. Die Torte mit der restlichen Creme rundum bestreichen und mit den Kokosflocken bestreuen.

ZEBRA KUCHEN

3	Eier
150 g	Zucker
75 ml	Milch
1 Pk.	Bourbonvanille
200 g	Mehl
1/2 Pk.	Backpulver
75 ml	Sonnenblumenöl
1 EL	Kakao
50 g	Zartbitterschokolade, gerieben
1 EL	Rum
	Fett und Mehl für die Form
	Puderzucker

1. Die Eier trennen. Das Eiweiß und 75 g Zucker mit dem Handmixer zu festem Eischnee verrühren. Das Eigelb schaumig rühren und mit dem restlichen Zucker für 5 Minuten weiterschlagen. Gegen Ende die Milch und die Vanille hinzugeben.

2. Den Eischnee zu der Eigelbmasse geben. Mehl und Backpulver mischen und nach und nach darübersieben. Unter Zugabe des Öls alle Zutaten vorsichtig miteinander vermengen.

3. Den Teig in zwei Hälften teilen. Über einen Teil den Kakao sieben und diesen mit der Schokolade und dem Rum unterziehen.

4. Eine Springform ausfetten und leicht bemehlen. Nun zentriert jeweils 1 Löffel des hellen und dunklen Teiges abwechselnd übereinander in die Form geben.

5. Den Kuchen bei 175 °C im vorgeheizten Ofen für etwa 20 Minuten backen. Den Ofen ausstellen und den Kuchen für 10 Minuten darin stehen lassen. Dann herausnehmen, den Rand lösen, abkühlen lassen und mit Puderzucker bestreuen.

GRÜNTEE BISKUITROLLE

100 g	Weizenmehl, Typ 405
1/2 TL	Backpulver
4 TL	Matcha-Pulver (japanischer Grüntee)
4	Eier
100 g	Zucker
1 Pr	Salz
2 EL	Zucker
400 g	Mandarinen aus der Dose
1 1/2 Pk.	Agartine
200 ml	Wasser
200 g	Sahne
1 Pk.	Vanillezucker
250 g	Quark

1. Ein Backblech inklusive der Ränder mit Backpapier auslegen.
2. Das Mehl mit dem Back- und dem Matcha-Pulver vermengen. Die Eier trennen. Das Eigelb mit 50 g Zucker schaumig rühren. Das Eiweiß mit dem Salz auf mittlerer Stufe fest schlagen. Den restlichen Zucker einrieseln lassen und steif schlagen. Beide Eimassen vorsichtig miteinander vermengen. Das Mehlgemisch nach und nach darübersieben und mit einem Teigschaber behutsam, aber zügig unterziehen.
3. Die Masse auf das Backblech streichen und im Ofen etwa 7 Minuten backen. Ein Küchentuch auf die Arbeitsfläche legen, großzügig mit Wasser besprenkeln und die 2 EL Zucker darüberstreuen. Den Biskuitboden aus dem Ofen nehmen und sofort auf das feuchte Küchentuch stürzen. Das Backpapier abziehen und den Teig mit dem Tuch aufrollen. Die Rolle auskühlen lassen.
4. Die Mandarinen abtropfen lassen und mit einem Pürierstab fein pürieren. Die Agartine in dem Wasser auflösen und mit den Mandarinen in einem kleinen Topf für 2 Minuten aufkochen lassen. Im Wasserbad abkühlen lassen. Die Sahne mit dem Vanillezucker steif schlagen und mit dem Quark vermengen. Die abgekühlte Mandarinenmasse mit einem Schneebesen glatt rühren und in den Sahnequark einrühren.
5. Den Biskuitteig entrollen und mit 2/3 der Mandarinenfüllung bestreichen. Aufrollen und mit der restlichen Füllung bestreichen. Mindestens 3 Stunden kalt stellen.

Wenn es schnell gehen muss, kann man gut auf vorgebackene Tarteletteböden zurückgreifen. ➥ **LEMONCURDTÖRTCHEN S.68**

Gut abgedeckt schmecken Rührteigkuchen am zweiten Tag noch aromatischer als frisch aus dem Ofen. ➥ **ZUCCHINIKASTENKUCHEN S. 28**

Einige Böden müssen beschwert »blind« vorgebacken werden, damit sie später mit Belag nicht durchfeuchten. ➥ **OBSTTARTE S. 48**

Mürbteigböden werden vor dem Backen mit einer Gabel mehrmals eingestochen, damit der Boden schön eben backt. ➥ **OBSTTARTE S. 48**

Ist die Form mit Folie ausgelegt, wird sich der erkaltete Schoko-Keks-Kuchen leicht aus der Form stürzen lassen. ➡ **KALTER HUND S. 55**

Geröstete Haselnusskerne werden, mit einem Handtuch abgerieben, schnell von ihrer bitteren Haut befreit. ➡ **SCHOKOBOMBE S. 20**

Mithilfe einer Spritztülle und einem angefeuchteten Löffelrücken lässt sich Teig leicht portionieren und formen. ➡ **AMERIKANER S. 56**

Abwechselndes Einfüllen verschieden gefärbter Rührteige erzeugt schöne Muster. ➡ **ZEBRAKUCHEN S. 79**

Frisches Obst immer gründlich abwaschen und mit Küchenkrepp trockentupfen.
➥ **STACHELBEERCROSTATA S. 19**

Mit einem Entsteiner sind auch größere Mengen an frischen Kirschen rasch für den Kuchen vorbereitet. ➥ **KIRSCHSTREUSEL S. 39**

Eischnee gelingt gut in einer sauberen, gekühlten Metallschüssel, da er nicht durch Eigelb oder Fett verunreinigt sein darf. ➥ **RÜEBLIKUPPEL S. 27**

Nach dem Abkühlen bilden sich auf baisergedeckten Kuchen hübsche kleine »Goldtröpfchen«. ➥ **RHABARBERSCHNITTEN S. 32**

Mürbteig ist der ideale Boden für reichlich belegte Obstkuchen. Er lässt sich auch gut auf Vorrat einfrieren. ➡ HIMBERRTARTE S. 12

Übrig gebliebene Baisermasse mit Nüssen vermengen und in kleinen Häufchen auf das Blech gesetzt mitbacken. ➡ PAVLOVA S. 75

Eine leckere Alternative zu reiner Schokoladenglasur ist die Puderzuckerglasur mit Kakao. ➡ AMERIKANER S. 56

Teigreste kann man mit etwas Eiweiß als Kleber gut zur Dekoration des Kuchens nutzen. ➡ BÜNDNER NUSSTORTE S. 35

REGISTER

Apfelkuchen 44
Amerikaner 56
Bananenbrot 40
Brombeercrumble 47
Butterecken 23
Bündner Nusstorte 35
Cookies 64
Erdbeerbiskuitherz 72
Grünteebiskuitrolle 80
Hefezopf 52
Heidelbeertraum 71
Himbeertarte 12
Kalter Hund 55
Kirschstreusel 39
Kürbiskuchen 31
Lemoncurdtörtchen 68
Limepie 15
Marmorgugelhupf 43
Mohnkranz 24
Muffins 59
Obsttarte 48
Pavlova 75
Rahmkuchen 11
Regenbogentorte 76
Rhabarberschnitten 32
Rüeblikuppel 27
Sandkuchen im Glas 36
Schokobombe 20
Stachelbeercrostata 19
Scones 63
Tarte Tatin 51
Torta di Ricotta 16
Zebrakuchen 79
Zimtschnecken 60
Zitronenrauten 67
Zucchinikastenkuchen 28

Bild- und Textnachweis

Fotos, Texte und Illustrationen: Chandima Soysa

Zur Autorin

Chandima Soysa ist freischaffende Buchgestalterin und bekennende Naschkatze. Die Leidenschaft fürs Süße haben ihr offenbar die deutschen und sri-lankischen Vorfahren vererbt. So ist die Arbeit an den »Köstlichen Kuchen« ein besonderes Vergnügen für Sie gewesen. Ebenfalls im Thorbecke-Verlag erschienen ist ihr Buch »Gemüsesuppen für Genießer«.